SCHAFFHAUSEN
Neuhausen
Singen
Radolfzell
Steckborn
Stein am Rhein
Etzwilen
Ermatingen
KONSTANZ
Kreuzlingen
Überlingen
Friedrichshafen
Ravensburg
Kisslegg
Wangen
Romanshorn
Lindau
Bregenz
Oberstaufen
Immenstadt
Oberstdorf
Zurzach
Andelfingen
Ossingen
Eglisau
Bülach
Niederweningen
Turgi
Brugg
Baden
Wettingen
Oberglatt
Glattbrugg
Oerlikon
Dietikon
Effretikon
WINTERTHUR
Frauenfeld
Weinfelden
Sulgen
Bischofszell
Wil
Gossau
ST. GALLEN
Rorschach
Walzenhausen
Heiden
St. Margrethen
Dornbirn
Trogen
Herisau
Gais
A. Stadt
Altstätten
Hohenems
Degersheim
Mogelsberg
Urnäsch
Appenzell
Wasserauen
ZÜRICH
Uetliberg
Bonstetten
Wohlen
Fahrwangen
Muri
Affoltern am Albis
Sihlbrugg
Thalwil
Meilen
Esslingen
Uster
Wetzikon
Hinwil
Bauma
Rüti
Stäfa
Rapperswil
Wädenswil
Samstagern
Pfäffikon
Uznach
Ricken-Tunnel
Lichtensteig
Wattwil
Nesslau-Neu St. Johann
Feldkirch
Bludenz
Langen
Arlberg-Tunnel
St. Anton
Schruns
Buchs SG
Biberbrugg
Einsiedeln
Ziegelbrücke
Walenstadt
Unterterzen
Sargans
Bad Ragaz
Glarus
Nidfurn-Haslen
Diesbach-Betschwanden
Linthal
Hochdorf
Rotkreuz
Zug
Walchwil
Küssnacht
Arth-Goldau
Sattel-Aegeri
Rigi-Kulm
LUZERN
Vitznau
Brunnen
Schwyz
Hergiswil
Sisikon
Flüelen
Altdorf
Erstfeld
Engelberg
Intschi
Wassen
Göschenen
Andermatt
Realp
Gotthard-Tunnel
Hasliberg
Innertkirchen
Sedrun
Disentis/Mustér
Trun
Ilanz
Reichenau-Tamins
Domat/Ems
CHUR
Landquart
Küblis
Klosters
Davos
Arosa
Thusis
Tiefencastel
Filisur
Bergün/Bravuogn
Preda
Albula-Tunnel
Samedan
Guarda
Scuol-Tarasp
Zernez
Cinuos-chel-Brail
S-chanf
78
80
84
81
764
77, 78
820
821
830
840
841
760
701
762
761
650
703
710
700
654
653
750
752
751
713
660
712
711
731
730
720, 900
740
741
753
754
672
670
671
901
870
850
852
853
854
855
856
857
858
859
880
82
82, 83
83
85
86
90
900
902
890
910
920
930
940
960
942
983
600
602
603
610
651
500
470
472
473
474
480

Schweizer Bahnen heute

Georg Wagner

Schweizer Bahnen heute

Eisenbahn zwischen Rhein und Rhone

Ott Verlag Thun
Franckh'sche Verlagshandlung
Stuttgart

Mit 164 Farbfotos von Georg Wagner (162), Michael Hubrich (1) und Horst Kraft (1)

Die farbigen Streckenkarten auf den Vorsätzen zeichnete R. Köder auf der Grundlage der Eisenbahnkarte der Schweiz 1:300000 von Kümmerly + Frey, Bern.

Einbandgestaltung von Edgar Dambacher unter Verwendung eines Fotos von Georg Wagner:
Gerade erst wenige Wochen aus der Hauptwerkstätte zurück, präsentiert sich die Ae 6/6 11416 „Glarus" am 24. 7. 1985 im prächtigen roten Neulack vor dem Güterzug 62667 (Langnau–Luzern) unterhalb der Wallfahrtskirche von Werthenstein dem Fotografen.

CIP-Kurztitelaufnahme der Deutschen Bibliothek

Wagner, Georg:
Schweizer Bahnen heute : Eisenbahn zwischen Rhein u. Rhone / Georg Wagner. – Thun : Ott ; Stuttgart : Franckh, 1986.
ISBN 3-7225-6333-X (Ott)
ISBN 3-440-05614-7 (Franckh)

Ott Verlag, Thun, und Franckh'sche Verlagshandlung, W. Keller & Co., Stuttgart / 1986

Für Ott Verlag, Thun: ISBN 3-7225-6333-X
Für die Franckh'sche Verlagshandlung, W. Keller & Co, Stuttgart:
ISBN 3-440-05614-7
Printed in Germany / Imprimé en Allemagne
Reproduktion: Gerold Schmid, Stuttgart
Satz: G. Müller, Heilbronn
Herstellung: Richterdruck, Würzburg

Zum Foto auf Seite 2/3:
Winter in Graubünden – Hochsaison für die Rhätische Bahn. Am 5. 1. 1985 ermöglicht die Ge $4/4^{II}$ 625 den heimreisenden Urlaubern im Autozug 542 von Samedan nach Thusis einen letzten Blick auf das märchenhaft verschneite Bergün am Fuße des Albula-Passes.
Während in Deutschland und Österreich Privatbahnen allenfalls noch untergeordnete Bedeutung haben, stellen in der Schweiz etwa die Rhätische Bahn oder die Berner Alpenbahngesellschaft Bern-Lötschberg-Simplon-Bahn unverzichtbare Bestandteile der Infrastruktur dar.

Vorwort

Die große volkswirtschaftliche Bedeutung, die dem Verkehrsträger Eisenbahn zukommt, wurde in der Schweiz schon früh erkannt. Anders wäre es kaum zu erklären, daß unser Land heute, bezogen auf seine Fläche, mit einem Netz von 5000 km punkto Eisenbahndichte einen internationalen Spitzenrang einnimmt. Dabei ist zu beachten, daß dieses Schienennetz im wesentlichen bereits zu Beginn des 1. Weltkrieges vollendet war. Die Anlage dieses Netzes verdient auch heute noch unsere uneingeschränkte Anerkennung. Die schwierige Topographie des Landes stellte den Erbauern viele und große Probleme. Deren Überwindung war nicht selten nur dank technischer und baulicher Pioniertaten möglich. Man denke an Namen von Tunnels – an eigentliche Begriffe vielmehr! –, wie Gotthard, Lötschberg, Simplon, Albula. Man vergegenwärtige sich die vielen übrigen Kunstbauten, wie Brücken, Viadukte, Hangtraversierungen usw. Mit größtem Einsatz an Arbeit, Geist und Geld haben die zwei bis drei damals aktiven Generationen ein Eisenbahnnetz erstellt – eine Leistung, die wir immer wieder nur bewundern können. Dazu regt uns auch die vorliegende Publikation an. Georg Wagner hat ein gediegenes Porträt des Eisenbahnlandes Schweiz geschaffen. Er hat es verstanden, Schönheit der Technik wie der Landschaften mit eindrücklichen Fotos ins Bild zu setzen.
Die Zeit der großen Pioniertaten auf dem Gebiet des Eisenbahnbaus ist möglicherweise vorbei. Keineswegs vorbei jedoch ist das Verkehrsmittel Eisenbahn als solches. Ganz im Gegenteil: Ihm steht, das ist meine feste Überzeugung, eine eigentliche Renaissance erst noch bevor. Das gilt für andere Länder, das gilt in ganz besonderem Maße auch für die Schweiz.

Unter dem Markenzeichen BAHN 2000 schlägt der Bundesrat eine Politik der konkreten Förderung des öffentlichen Verkehrs vor, mit sehr weitreichenden positiven Auswirkungen: häufigere Fahrgelegenheiten, mehr direkte Verbindungen, kürzere Reisezeiten, neue bzw. attraktiver gestaltete Nebenleistungen in den Zügen und an den Bahnhöfen. Mit dieser umfassenden Angebotsverbesserung, welche natürlich auch eine beträchtliche finanzielle Anstrengung mit sich bringt, wird es gelingen, den Stellenwert der Bahnen wieder deutlich zu heben. Unsere Umwelt und vor allem auch unsere Nachwelt werden uns dafür dankbar sein.

Leon Schlumpf
Vorsteher des Eidgenössischen
Verkehrs- und Energiewirtschaftsdepartementes

Oben: Die Strecken 100 (Lausanne – Domodossola) und 150 (Genève – Lausanne) sind die Domäne der vier Re $4/4^{IV}$-Lokomotiven. Am 8. 10. 1984 hat die rot-dunkelgraue 10101 den aus modernen italienischen Eurofima-Wagen gebildeten Schnellzug 322 (Milano – Genève) in Domodossola von den FS übernommen und wird nun nach schneller Fahrt durch das Rhonetal in wenigen Minuten Montreux am Genfer See erreichen.

Rechte Seite: Knapp ein Jahr zuvor, am 13. 10. 1983, konnte bei Veytaux-Chillon unweit von Montreux noch die Lausanner „locomotive historique" Ae $3/6^{III}$ 10264 mit dem Schnellgutzug 90122 von St. Maurice nach Lausanne vor der großartigen Kulisse der Savoier Alpen bewundert werden. Heute wird sie (donnerstags) leider nur in unmittelbarer Nähe von Lausanne eingesetzt.

10103

Linke Seite: Das Schloß von St. Maurice liegt nur im Hochsommer am frühen Nachmittag in der Sonne. Daher konnte das Foto der Re $4/4^{IV}$ 10103 mit dem immer deutlich erkennbaren SBB-Signet nur mit dem Schnellzug 322 (Milano – Genève) gelingen, der den 490 m langen Tunnel von St. Maurice um 13.45 Uhr passiert (18. 6. 1985).

Oben: Sehr bekannt sind Fotos vom Château de Chillon bei Montreux mit Re $4/4^{IV}$-geführten Zügen in Richtung Domodossola. Die Gegenrichtung, nur am frühen Vormittag richtig im Licht, läßt sich im Regelfall lediglich mit grünen Re $4/4^{II}$-Lokomotiven fotografieren. Sehr subjektiv gesehen, hatte so die knapp fünfstündige Verspätung des Schnellzugs 220 „Simplon-Express“ (Beograd – Trieste – Paris), den die Re $4/4^{IV}$ 10101 am 18. 6. 1985 beförderte, auch ihr Gutes.

11406

Linke Seite: An seinem letzten Verkehrstag in der Wintersaison 1984/85, dem 30. 3. 1985, bescherte der aus belgischen Schlaf- und Liegewagen gebildete Schnellzug 1199 „Alpina-Express" (Bruxelles – Sierre) der Ae 6/6 11406 „Obwalden" des Depots Erstfeld den außergewöhnlichen Langlauf Delémont – Brig. Kurz vor Erreichen der Skiregion Crans-Montana bei Sierre können die Urlauber einen beruhigenden Blick auf die verschneiten Gipfel oberhalb von Sion werfen.

Rechts: Zwischen Salgesch und Leuk lehnt sich die sonst zweigleisig im breiten Tal liegende Strecke 100 eng an den steilen Felshang an. Oben passiert die Re $4/4^{II}$ 11239 „Porrentruy", die einzige Re $4/4^{II}$ mit Namen und Wappen, am 24. 3. 1985 mit dem Zug 1928 (Brig – Biel – Zürich – Romanshorn) einen Felseinschnitt. Unten hat die Ae 4/7 10956 vom Depot Bern am 27. 7. 1984 mit dem morgendlichen Postzug 91113 (Lausanne – Brig) gerade den 137 m langen Varonne-Tunnel verlassen. Obwohl diese Leistung ab Sommer 1985 auf Ae 6/6 übergegangen ist, verbleiben den Ae 4/7 auf dieser Strecke noch andere Güterzüge.

Oben: Die „Montreux–Oberland-Bernois (MOB)"-Strecke 120 von Montreux nach Zweisimmen gehört zweifellos zu den schönsten Bahnstrecken der Schweiz. Mit Recht setzt daher die MOB auf einen starken Touristik-Verkehr, den sie mit speziellen Angeboten fördert. Dazu gehört der „Panoramic-Express" mit seinen klimatisierten Aussichtswagen, der am 29. 7. 1984 bei Allières mit seiner Zuglok GDe 4/4 6001 „Vevey" den Anstieg zum 2424 m langen Jaman-Scheiteltunnel fast geschafft hat.

Rechte Seite: Außer den Fahrten mit der MOB bietet Gstaad im Saanetal seinen Gästen noch weitere Attraktionen: Während der ABDe 8/8 4004 „Fribourg" mit dem Zug 116 „Leman" über die 109 m lange Grubenbach-Brücke kurz vor Gstaad rollt, genießen die Insassen der zwei Heißluftballons den außergewöhnlich klaren Morgen des 29. 7. 1984.

Die „180°-Panoramakurve“ zwischen Gruben und Schönried ermöglichte die Fotos dieser Doppelseite. Oben ist der BDe 4/4 5004 „St. Stephan“ als Zug 415 unterwegs.

In Gegenrichtung läuft der gut dreißig Jahre ältere BDe 4/4 3004 aus dem Jahre 1944 vor dem Zug 114 nach Montreux. Beide Aufnahmen entstanden am 29. 7. 1984.

Oben: Selten belohnt das Wetter frühes Aufstehen so wie an diesem Sonntagmorgen (29. 7. 1984). Der ABDe 8/8 4004 hat bereits zwei Stunden Fahrt von Montreux hinter sich, als er um 7.03 Uhr bei Saanenmöser den mit 1275 m höchstgelegenen Punkt des MOB-Streckennetzes erreicht.

Rechte Seite: Die vier neuen GDe 4/4 aus dem Jahre 1983 sind nicht nur vor dem „Panoramic-Express“ anzutreffen. Hier dient die Lok 6004 „Interlaken“ als Zuglok des Zuges 132 (Zweisimmen – Montreux), aufgenommen am 29. 7. 1984 in Rougemont.

Die Strecke 124 Aigle – Sépey – Les Diablerets war lange Zeit einstellungsbedroht. Inzwischen scheint der Bestand gesichert, doch wird man bald von den Triebwagen aus dem Jahre 1913 Abschied nehmen müssen. Links kreuzt der ABDe 4/4 2 als Zug 453 (Les Diablerets – Aigle) bei Les Planches am 17. 8. 1981 einen Arbeitszug mit dem ABDe 4/4 11. Auf dem Foto rechts ist der orange lackierte ABDe 4/4 3 soeben als Zug 436 im 1136 m hoch gelegenen Vers-l'Eglise eingefahren (29. 7. 1984).

Links: In Bex bietet die BVB (Bex – Villars – Bretaye) Anschluß an die SBB-Züge im Rhonetal. Der blaue Be 2/3 15 besorgt am 18. 6. 1985 den Lokalverkehr zum Ort, der rote BDeh 2/4 21 wird als Zug 42 ins 842 m höher gelegene Villars hinaufklettern.

ASD

Linke Seite: In St. Maurice zweigt die Strecke 131 nach St-Gingolph von der Hauptlinie 100 ab. Der Güterzug mit Personenbeförderung 61272 hat sich am 13. 10. 1983 in Monthey aller Güterwagen entledigt und rollt nun mit seiner Ae 4/7 10958 und einem der zur Ausrangierung anstehenden Mitteleinstiegwagen zwischen Vouvry und Les Evouettes durchs Rhonetal.

Oben: Nach 4,54 km Rückwärtsfahrt ohne Steuerwagen (in St-Gingolph gibt es keine Umsetzmöglichkeit) hat die Ae 4/7 10958 in Bouveret ihren Personenwagen umfahren und wartet ab, wieviele Güterwagen ihr der Rangiertraktor für die Rückfahrt beistellt. Vorne verläßt gerade der Be 4/6-Triebwagen 1616 als Zug 4274 den Bahnhof Bouveret in Richtung St-Gingolph. Diese Triebwagen aus den zwanziger Jahren, von denen Lausanne noch drei Stück besitzt, werden heute nur noch als Dienstzüge zwischen Lausanne und Lausanne-Triage eingesetzt.

Oben: Die BVZ (Brig – Visp – Zermatt) besitzt interessante Altbau-Elektrolokomotiven. Hier das Einzelstück HGe 4/4 16 aus dem Jahre 1939 (im mechanischen Teil baugleich mit den HGe 4/4 der Furka-Oberalp-Bahn), am 13. 8. 1981 vor dem Zug 141 zwischen Visp und Ackersand aufgenommen.

Rechte Seite: Die Güterzüge und GmP werden meist von den HGe 4/4 11–15 bespannt. Unterhalb der Kirche von Stalden führt am 13. 8. 1981 die HGe 4/4 12 ihren Güterzug 2162 über den Zahnstangenabschnitt zwischen Stalden-Saas und Ackersand ins Vispertal hinab.

Für Pendelzüge stehen der BVZ vier Deh 4/4-Triebwagen nebst zugehörigen Steuerwagen zur Verfügung. Der Deh 4/4 23 „Randa“ wird am 28. 12. 1984 mit dem Zug 143 in Kürze seine Patengemeinde erreicht haben, die 756 m höher liegt als die Talstation in Visp. Bis zum 1605 m hoch gelegenen Zermatt sind dann nur noch 199 Höhenmeter zu überwinden.

Das autofreie Zermatt wird umweltfreundlich per Bahn versorgt. So pendeln für die Lebensmittelketten „Coop“ und „Migros“ spezielle Container auf der BVZ. Dank dem am 29. 12. 1984 von der HGe 4/4 15 geführten Güterzug 2175 ist das Überleben der Urlauber bis ins Jahr 1985 hinein nahezu gesichert. Das Foto entstand kurz hinter Herbriggen.

Auf dieser Doppelseite begegnen sich 75 Jahre Eisenbahngeschichte:

Oben der Stolz der französischen Staatsbahn SNCF, der „Train à grande vitesse“ als IC 924 „Versailles“ (Genève – Paris) auf dem schweizerischen Streckenabschnitt 151 Genève – La Plaine, der bereits das französische 1500-V-Gleichstrom-System aufweist. Die SBB setzen im innerschweizerischen Regionalverkehr auf dieser Strecke ihre beiden BDe $4/4^{II}$-Triebwagen ein, von denen der 1301 auf dem Foto oben gerade in der Haltestelle Russin einläuft (27. 7. 1984).
Rechts der ABDe 4/4 10 der „Nyon – St-Cergue – La Cure – Morez“ (NStCM), der seit 1918 auf seiner Stammstrecke Dienst tut, fotografiert am 17. 8. 1981 als Zug 64 auf dem 110 m langen Givrins-Colline-Viadukt. Leider wurden die alten Triebwagen auf der Strecke 152 am 23. 12. 1985 durch moderne Nachfolger ersetzt.

NYON-ST. CERGUE-MOREZ
10

B A M

Anschlußreisende zur „Hauptlinie" der „Bière – Apples – Morges" (Strecke 153) befördert am 23. 3. 1985 der BDe 4/4 5 von L'Isle-Mont-la-Ville nach Apples. Auf dem Foto links hat er als Zug 127 Montricher bald erreicht.

Ins landschaftlich besonders reizvolle Vallée de Joux führt die Strecke 201 von Vallorbe nach Le Brassus, die in Ermangelung eigener Triebfahrzeuge der „Le Pont – Brassus" von den SBB bedient wird. Am 18. 8. 1981 macht sich der De 4/4 1670 vor dem Zug 2842 nützlich, der soeben am Lac Brenet vorüberfährt.

Links: Zwischen Vallorbe und Le Day überquert die Strecke 200 (Vallorbe – Lausanne) die aufgestaute Orbe auf einem großartigen, 152 m langen Viadukt. Erst bei der vierten Fahrt nach Vallorbe gelang am 12. 10. 1983 die Spiegelung der Ae 3/6 mit ihrem Regionalzug 4074. Die kleinste Windböe hat an solch einem Fotostandpunkt die ärgerlichsten Auswirkungen.

Rechte Seite: Seit Jahren gehört die Beförderung des Güterzugs 53728 von Basel nach Lausanne über die Jurafußlinie 210 (Biel – Neuchâtel – Lausanne) zu den Stammleistungen der Ae 4/7 des Kreises I (Lausanne). In Vielfachsteuerung von nur einem Lokführer gefahren, mühen sich am 19. 8. 1981 die Ae 4/7 10943 und 11011 mit dem vor der Umstellung auf den Taktverkehr 5972 genannten Zug über den 204 m langen Areuse-Viadukt bei Boudry.

Linke Seite: Die erste rote Re 4/4^{I} der SBB war die 10043, die zusammen mit ihren (noch) grünen Schwestern den Regionalzugverkehr auf der Strecke 210 bewältigt. Vorbei am berühmten Château de Grandson, das heute ein Automobilmuseum beherbergt, rollt sie am 23. 3. 1985 mit ihrem Zug 3238 in Richtung Lausanne.

Oben: In Ermangelung der weggefallenen TEE-Leistungen verkehren die drei verbliebenen TEE-farbenen Re 4/4^{I}-Lokomotiven (10033, 034 und 050) in den normalen Diensten. Die Re 4/4^{I} 10046, die am 16. 8. 1981 gerade Neuchâtel mit dem Zug 2437 nach Pontarlier verläßt, läuft inzwischen im grünen Kleid.

Die Jurafußlinie 210 verläuft dicht an den Ufern des Bieler und des Neuenburger Sees. Besonders fotogen sind dabei die wenigen verbliebenen einspurigen Abschnitte zwischen Vaumarcus und Concise (linke Seite) sowie zwischen Twann und Ligerz (rechte Seite). Links oben hat am Abend des 10. 7. 1985 die Ae 6/6 11483 „Jura", die ihren alten Namen „Porrentruy" 1979 an die Re $4/4^{II}$ 11239 abgeben mußte, den Güterzug 51636 in Biel übernommen und wird ihn nun bis Lausanne-Triage ziehen. Links unten rollt kurz zuvor die Re $4/4^{II}$ 11252, eine der fünf Re $4/4^{II}$ im TEE-Lack (11249 – 11253), mit dem Schnellzug 539 (Genève – Zürich – Romanshorn) in der Gegenrichtung vorbei.

Rechte Seite: Noch am Anfang ihrer gut zweistündigen Fahrt von Biel nach Lausanne ist am 2. 7. 1985 die Re $4/4^{I}$ 10048 mit dem Regionalzug 3268, der gerade Twann verlassen hat.

60

TRANS EUROP EXPRESS

Da die französischen TGV-Züge noch nicht direkt bis Bern verkehren, vermitteln die schweizerischen RAe-TEE-Triebwagen zweimal täglich einen schnellen Anschluß über die Strecke 220 (Bern – Neuchâtel – Pontarlier) zum TGV in Frasne. Auf der linken Seite hat am Morgen des 23. 7. 1985 der RAe TEE 1054 als Schnellzug 422 „Champs-Elysées" gerade die französisch-schweizerische Grenze in Les Verrières passiert, oben stört der RAe 1051 als Schnellzug 426 „Cisalpin" am 17. 6. 1985 nur kurz die friedliche Abgeschiedenheit der beiden Bauernhöfe zwischen Rosshäusern und Rüplisried-Mauss.

Ansonsten ist der grenzüberschreitende Verkehr nach Pontarlier sehr bescheiden. Die wenigen Güterwagen werden zwei Güterzugpaaren mit Personenbeförderung beigegeben. Auf der linken Seite hat die Re 4/4^{II} 11251 ihren „Auslandsaufenthalt“ bereits wieder beendet und rollt nun mit dem 60783 über den 87 m langen Viadukt von Couvet zu Tal. Oben ist die Ae 6/6 11486 „Burgdorf“ am 23. 7. 1985 mit dem 60758 kurz vor Erreichen des Zielorts Pontarlier vor dem Fort de Joux zu sehen.

Die Strecke 230 (Basel – Delémont – Biel) führt quer durch den Jura. Die rote Re $4/4^{I}$ 10043 auf dem Foto oben hat am 17. 6. 1985 mit dem Regionalzug 3926 nach Laufen kurz hinter Aesch das Schloß Angenstein unterfahren.
Im interessantesten Streckenabschnitt um Roches wechseln hochaufragende Jurafelsen, Einschnitte und kurze Tunnel in schneller Folge. Besonderes Glück gehörte dazu, hier die von dem Künstler Daniel Bourret gestaltete Re $4/4^{II}$ 11181 anzutreffen, die am 1. 8. 1984 den Schnellzug 632 (Basel – Biel) in Delémont übernommen hatte. Inzwischen hat das Einheitsrot den kurzen Ausflug der 11181 in die künstlerische Freiheit beendet.

SBB CFF

Im bereits beschriebenen Streckenabschnitt um Roches ist am 15. 8. 1981 die Re $4/4^{II}$ 11262 mit dem Regionalzug 3034 (Delémont – Sonceboz – Biel) fotografiert worden.

Auf der rechten Seite rollt die Ae 3/5 10209 am 19. 8. 1981 mit dem Güterzug 8068 in den Bahnhof Roches. Die Einsätze der Ae 3/5 sind leider schon historisch, allein die Berner Ae 3/5 10217 darf donnerstags bei schönem Wetter Ausflüge von Bern nach Burgdorf und Münsingen machen.

Linke Seite: Fast schon Vergangenheit sind die Einsätze der „Swiss-Express“-Garnituren auf der Ost-West-Magistrale St. Gallen – Genf. Umgebaut zu Pendelzügen sollen sie demnächst den Zugverkehr Zürich – Luzern und Luzern – Bern attraktiver machen. Von den ursprünglich acht Re $4/4^{II}$ des Depots Zürich in den Swiss-Express-Farben (11103, 106, 108, 109, 112, 113, 133 und 141) hat die 11133 bereits die automatischen Kupplungen verloren und wird im normalen Umlauf eingesetzt, ebenso die inzwischen rot gestrichene 11112. Am 10. 10. 1983, als das Foto der Re $4/4^{II}$ 11109 vor dem IC 129 bei Düdingen entstand, war die „Swiss-Express-Welt“ noch in Ordnung.

Rechts oben: Gerade erst in der Erprobung stehen die vier neuen Pendelzüge (NPZ), die vom Depot Lausanne aus Regionalzüge nach Fribourg, Bern und Thun fahren. Die gelungenste Farbgebung trägt zweifellos der RBDe 4/4 2103, hier am 17. 6. 1985 als Regionalzug 3466 bei Fillistorf, während der bläßlich grüne 2101 oder die Varianten ohne rote Front (2100 und 2102) weniger attraktiv wirken.

Rechts unten: Selten gelangen die Rangierlokomotiven der Reihe Ee 3/3, die man in fast jedem größeren Bahnhof beobachten kann, auf die Strecke. Die Ee 3/3 16390 besorgt hier am 17. 6. 1985 die abendliche Übergabe 81436 von Düdingen nach Fribourg.

Bedeutendstes Bauwerk der Strecke 250 (Lausanne – Fribourg – Bern) ist der 352 m lange Grandfey-Viadukt über den Schiffenensee zwischen Fribourg und Düdingen, den am 13. 10. 1983 zwei Ae 4/7 mit dem Güterzug 61433 (Fribourg – Bern) im letzten Abendlicht überqueren.

Gerade im Abschnitt Fribourg – Lausanne verläuft die Strecke 250 meist recht hübsch durch die abwechslungsreich gegliederte, hügelige Landschaft. Bei Vauderens laden alte Alleebäume zum Blick ins Tal ein, wo die Re $4/4^{II}$ 11171 vor dem Schnellzug 725 mit Kurswagen Genève – Luzern – Chiasso unterwegs ist (10. 10. 1983).

Linke Seite: Bedingt durch die größeren Steigungen der Strecke 250 gegenüber der Jurafußlinie 210 verkehren zwischen Lausanne und Bern nur wenige Güterzüge. Planmäßig mit Re 4/4^{II}-Vorspann vor Re 6/6 verkehrt der 51537 (Lausanne – Bern – Zürich) bei Bern. Am 11. 7. 1985 sollte eigentlich die rote Re 6/6 11637 hinter der frisch umlackierten Re 4/4^{II} 11188 laufen. Doch wie so oft war die Planung der Ersatz des Zufalls durch den Irrtum: Die grüne Re 6/6 11644 sorgte für ein „gemischtes Doppel“, das sich hier zwischen Cottens und Neyruz um die Hügel schlängelt.

Oben: Trotz Verfrühung um 15 Minuten keine Sekunde zu früh: Unmittelbar bevor sich die Sonne am 17. 6. 1985 zurückzieht, eilt der 60438 mit seinen beiden Ae 4/7 11016 und 10939 bei Cottens vorbei gen Lausanne.

Während die Regionalzüge der Strecke 251 (Lausanne – Payerne – Lyss), bespannt mit Re 4/4[I] oder BDe 4/4, alle südwärts geschoben werden, zieht die Ae 6/6 11487 „Langenthal“ ihren 60478 (Lucens – Lausanne) passend unterhalb des Schlosses von Rue durch die Wiesen. 2. 7. 1985.

Noch im Herbst 1983 genügte die angenehm unauffällige Einfachfahrleitung mit ihren Holzmasten dem Betrieb auf der Strecke 252 (Yverdon – Payerne – Fribourg). Doch der Umbau auf neue, leuchtend verzinkte Stahlmasten hatte schon den Großteil der Strecke erfaßt. Zwischen Grolley und Belfaux entflieht am 11. 10. 1983 der BDe 4/4 1623 mit dem Regionalzug 4409 der aufziehenden Schlechtwetterfront.

Tags zuvor machte sich die Ae 3/6 10698 vor dem Schnellgutzug 91421 (Estavayer-le-Lac – Bern) nützlich, aufgenommen zwischen Cousset und Léchelles.

Die Be 4/7 12504, historische Lokomotive des Depots Biel, gelangt donnerstags mit dem Güterzug 60827 hinaus auf die Strecke 260 (Biel – Bern) bis Schüpfen. Das Foto entstand am 11. 7. 1985 zwischen Brügg und Busswil.

Gut 60 Jahre jünger als die Be 4/7 sind die neuesten Triebwagenzüge der BLS-Gruppe, die in ähnlicher Form auch bei anderen Privatbahnen den Triebfahrzeugbestand verjüngt haben. Der RBDe 4/4 724 der Spiez-Erlenbach-Zweisimmen-Bahn ist am 2. 4. 1985 bei Seftigen auf der GBS-Strecke 298 (Bern – Belp – Thun) als Regionalzug 3662 unterwegs.

Die beiden Ae 6/6-Vorserienlokomotiven 11401 und 402 werden heute vom Depot Zürich aus eingesetzt. Am 1. 4. 1985 gelang das Foto der Ae 6/6 11401 mit dem montags und mittwochs bei Bedarf verkehrenden Klinkerzug 71376 (Därligen –) Spiez – Siggenthal, hier kurz nach Verlassen von Spiez am Thuner See vor der großartigen Kulisse der Berner Alpen.

Der doppelspurige Ausbau der Lötschberg-Strecke 300 (Spiez – Lötschberg – Brig) hat viele Fotostellen auf der Lötschberg-Süd- und Nordrampe zerstört. 1981 präsentierte sich der 116 m lange Luogelkin-Viadukt unweit des Bahnhofs Hohtenn noch in alter Schönheit. Der Blick ins fast 400 m tiefer liegende Rhonetal lohnt auch heute noch eine Wanderung auf den von der BLS gut markierten Pfaden entlang der Strecke. Links rollt am Morgen des 13. 8. 1981 der ABDe 4/8 746 als Ausflugs-Extrazug zu Tal, rechts ist am Abend zuvor der Güterzug mit Personenbeförderung 18775 mit der Doppellok Ae 8/8 271 zu sehen.

Oben: Die fünf verbliebenen Ae 6/8 (203, 205–208) sind in untergeordnete Dienste abgewandert und verdienen vor Übergabegüterzügen auf der Strecke 310 (Interlaken – Spiez – Thun) und bei gelegentlichen Zwischenlokdiensten auf der Lötschberg-Nordrampe ihr Gnadenbrot.
Oberhalb von Faulensee zieht am 3. 4. 1985 die damals noch einsatzfähige Ae 6/8 204 den Güterzug 61384 am Thuner See entlang.

Rechts: Das Rückgrat des Güterverkehrs auf der Lötschbergstrecke bilden nach wie vor die fünf Doppellokomotiven Ae 8/8 271–275. Nur bei Unterhaltsarbeiten oder vor überschweren Zügen kommen ersatzweise zwei Re 4/4 zum Einsatz. Der 265 m lange Kander-Viadukt bei Frutigen, den die Ae 8/8 275 am 14. 8. 1981 mit dem Güterzug 5670 befährt, ist bereits durch die dahintergestellte Betonbrücke für das zweite Gleis „verziert“, doch waren die Gleisbauarbeiten noch nicht abgeschlossen, so daß der Zug das aus heutiger Sicht „falsche“ Gleis befährt.

Zu neuen Ehren gelangte in den letzten Fahrplanperioden der Gepäcktriebwagen De 4/5 796, der jahrelang im Depot Holligen remisiert war. Zwischen Spiez und Interlaken pendelte er im Zweistundentakt vor Regionalzügen, wie hier am 3. 4. 1985 vor dem Zug 3718 zwischen Därligen und Leissigen.

Faszinierend ist der dichte Zugverkehr zwischen Spiez und Thun, wo die Lötschbergstrecke (300) und die Linie von Interlaken (310) zusammenlaufen. Innerhalb weniger Stunden können hier fast alle Arten von Triebfahrzeugen der BLS und etliche SBB-Gastlokomotiven beobachtet werden. Besonders attraktiv sind dabei die „Rosinen" in dieser Fahrzeugparade, z. B. oben die Ae 6/8 203 mit dem Güterzug 60332 am 3. 4. 1985 oder unten der letzte ABDZe 4/6 der BLS, der 736, als Regionalzug 4729 (Thun – Spiez) am 2. 4. 1985. Leider wird der ABDZe 4/6 736 bei Erscheinen dieses Buches nicht mehr in Spiez verkehren. Er soll, zum BDe 4/6 103 umgebaut, auf der Sensetalbahn eingesetzt werden.

Oben: Die vier Loks der Reihe Ae 4/4 der BLS sind heute auf der Strecke 320 von Spiez nach Zweisimmen im Regionalzugdienst von ABDe 4/8-Triebwagen abgelöst worden. Am 14. 8. 1981 dröhnte die Ae 4/4 258 mit dem 3941 über die 135 m lange Bunschenbach-Brücke bei Weissenburg.

Rechte Seite: Mit etwas Glück ist auch heute noch eine Ce 4/4 vor dem morgendlichen Güterzug nach Erlenbach im Simmental zu erleben. Am 14. 8. 1981 ging die Fuhre mit der Ce 4/4 308 als 8915 weiter bis Zweisimmen, aufgenommen kurz vor Ringoldingen.

VTG
Shell

EBT 105

Linke Seite: Auf dem Streckennetz der EBT-Gruppe (Emmental – Burgdorf – Thun) sind neben modernen Pendelzuggarnituren von den zehn vorhandenen Be 4/4-Lokomotiven auch heute noch werktags mindestens vier Loks im Plandienst zu sehen. Am 26. 6. 1985 müht sich die Be 4/4 105 mit dem Güterzug 966 (Burgdorf – Thun) über die Steigung kurz hinter Biglen.

Oben: Die Verbindung von Luzern nach Bern durchs Emmental (Strecke 460) ist nicht nur landschaftlich außerordentlich reizvoll. Auch die zahlreichen Güterzüge mit Lokomotiven der Reihe Ae 4/7 beleben das ansonsten eintönige Zugangebot der Re $4/4^{II}$- und RBe 4/4-geführten Schnell- und Regionalzüge. Am Morgen des 7. 7. 1984 führt die Ae 4/7 10958 den Postzug 92660 durch die saftigen Wiesen zwischen Schüpfheim und Escholzmatt.

Am 29. 3. 1985 war der Winter ins Emmental zurückgekehrt. Oben rollt der Schnellgutzug 92661 mit seiner Ae 4/7 11003 Schüpfheim entgegen, auf dem Foto rechts hat die chromleistenverzierte Ae 6/6 11409 „Baselland“ mit dem Güterzug 62667 (Langnau – Luzern) gerade Escholzmatt passiert. Dieser Zug ist die einzige Ae 6/6-Planleistung auf der Strecke 460.

Oben: Ebenfalls als Güterzug mit Personenbeförderung läuft der 62672 (Luzern – Langnau) am späten Vormittag durchs Emmental. Am 30. 7. 1984 hat die Ae 4/7 10961 gerade das im Hintergrund liegende Schüpfheim verlassen und eilt nun dem nächsten Halt in Escholzmatt entgegen.

Rechte Seite: Die bereits vom Titelbild her bekannte Ae 6/6 11416 „Glarus“ ist soeben mit ihrem in Langnau übernommenen Güterzug 62667 in Escholzmatt eingelaufen (24. 7. 1985).

Die Brünigbahn (Strecke 470) ist die einzige Schmalspurbahn der SBB. Auf 11 km zwischen Giswil und dem Scheitelbahnhof Brünig-Hasliberg überwindet die Bahn mit Hilfe mehrerer Zahnstangenabschnitte mit bis zu 110‰ Steigung 517,1 Höhenmeter, um danach auf nur 5,4 km im 121‰-Gefälle zum 406,7 m tiefer gelegenen Bahnhof Meiringen hinabzusteigen. In diesem Streckenabschnitt sind Doppeltraktionen bei über 120 t schweren Zügen unerläßlich. Gemeinsam haben auf dem Foto oben am 8. 7. 1984 die Triebwagen Deh 4/6 905 und 909 mit dem Zug 6324 den ersten Kilometer Zahnstange hinter Giswil bezwungen.
Mit dem Zug 2961 (rechts), wenig später oberhalb von Lungern fotografiert, gelangen die Vorspanntriebfahrzeuge als Dreifachtraktion zurück nach Giswil. Hinter den Deh 4/6 905 und 906 läuft eine der beiden alten Brünig-Zahnradloks HGe 4/4, die 1991.

SBB CFF FFS

Linke Seite: Züge bis 120 t, wie am 7. 7. 1984 den 2970, befördert die HGe 4/4 1992 alleine über die Bergstrecke. Die Fahrt oberhalb des Lungernsees ist dabei willkommene Verschnaufpause vor dem nächsten Zahnstangenabschnitt hinter Lungern.

Oben: Zwischen Brienz und Interlaken ermöglicht die Brünigbahn den Reisenden herrliche Ausblicke über den Brienzer See hinweg. Der Zug 6360 hat am 7. 7. 1984 Brienz hinter sich gelassen und wird in Kürze die Bedarfshaltestelle Ebligen passieren.

Linke Seite: In Emmenbrücke stößt die Seetallinie Lenzburg – Luzern (Strecke 651) auf die Hauptbahn Basel – Olten – Luzern (500). Die nach Luzern durchgehenden Züge aus dem Seetal müssen dabei in Emmenbrücke Kopf machen. Am 9. 7. 1985 hat die Ae 6/6 11411 „Zug“ den Güterzug 62157 von Beinwil am See nach Emmenbrücke gebracht und fährt nun das letzte Stück gemeinsam mit einer Ae 4/7 entlang der Reuss nach Luzern.

Häufige Gäste auf der Verbindung Luzern – Olten sind die Lokomotiven der Reihe Ae 6/6, die nach dem Rückzug vom Gotthard verstärkt im Mittelland eingesetzt werden. Die Kantonswappenlok Ae 6/6 11424 „Neuchâtel“ hat den Güterzug 52832 in Luzern übernommen und bringt ihn nun an der Kirche von Egolzwil vorbei bis Olten (23. 7. 1985).

Gelegentlich kommt die historische Lokomotive des Depots Olten, die Ae 3/6^{II} 10439, die sonst samstags vormittags einen Übergabegüterzug auf der fotografisch gänzlich uninteressanten Strecke von Olten nach Oberbuchsiten befördert, auch auf reizvolleren Strecken zum Einsatz. Am 1. 4. 1985 hat sie das Regionalzugpaar 5141/5148 (Olten – Sursee – Olten) auf der Strecke 500 übernommen. Trotz ihrer 60 Dienstjahre rollt sie mit der bescheidenen Anhängelast des 5141 flink durchs Wauwilermoos.

Die Ae 6/6 11422 „Vaud“, die hier am 27. 12. 1984 mit dem 62823 bei Wauwil zu sehen ist, war die erste Ae 6/6 im neuen Anstrich. Es ist schon enorm, wie attraktiv diese „neuen“ Lokomotiven trotz ihrer rund 25 Dienstjahre wirken. Eigentlich schade, daß sich die Ae 3/6, 4/7 und viele Triebwagen weiterhin im tristen Dunkelgrün verstecken müssen!

Sanierungsarbeiten im Hauenstein-Tunnel bewirkten eine vorübergehende Aufwertung der alten Hauensteinlinie Olten – Läufelfingen – Sissach (503), auf der sonst nur ein BDe 4/4-Triebwagenpendelzug verkehrt. Etliche Schnell- und Güterzüge wurden umgeleitet, darunter der 52336, auf der linken Seite am 4. 4. 1985 mit zwei Ae 6/6-Lokomotiven auf dem 128 m langen Rümlinger Viadukt, und der IC 490, auf dem Foto oben am 2. 7. 1985 mit der Re 6/6 11642 „Monthey" im Abschnitt Läufelfingen – Buckten zwischen Mühlefluh- (60 m) und Buckten-Tunnel (263 m).

Oben: Eine der Zufahrtslinien zum Gotthard (Strecke 600) ist die Verbindung von Luzern über Küssnacht am Rigi nach Immensee, die am 24. 7. 1985 der Schnellzug 689 (Basel – Locarno/Chiasso) mit der Re 6/6 11618 „Dübendorf“ befährt. Das Foto entstand oberhalb von Merlischachen am Vierwaldstätter See.

Rechte Seite: Von Immensee, wo die Kilometrierung der Gotthardbahn beginnt, bis Arth-Goldau verläuft die Strecke oberhalb des Zuger Sees an der Ostflanke des Rigi. Der Schnellzug 2678 (Romanshorn – Luzern), der hier gerade mit seiner Zürcher Re $4/4^{II}$ 11380 Arth am See hinter sich läßt, hat sein Ziel bald erreicht.

Zwischen Brunnen und Flüelen zwängen sich Gotthardbahn und Axenstraße an steil abfallenden Felshängen und dem Urner See vorbei. Das ältere Süd-Nord-Richtungsgleis bietet den Reisenden dabei zahlreiche Ausblicke auf den See, während das später erbaute 2. Gleis fast vollständig im Tunnel liegt. Links rollt der am 24. 7. 1985 ausnahmsweise von einer Ae 4/7 statt der planmäßigen Ae 6/6 gezogene Güterzug 63228 (Erstfeld – Arth-Goldau) zwischen Flüelen und Sisikon nordwärts über die 48 m lange Gumpischbach-Brücke in den Stutzeck-Tunnel (988 m) ein, auf der rechten Seite fährt wenig später die Ae 6/6 11416 „Glarus“ mit dem Güterzug 63225 (Luzern – Erstfeld) in Sisikon in den 3375 m langen Stutzeck-Axenberg-Tunnel ein, der erst 1943 dem Betrieb übergeben wurde.

11801
14253

Linke Seite: Das Depot Erstfeld ist die Heimat der beiden historischen Lokomotiven Ae 8/14 11801 und Ce 6/8^{II} 14253, die sich am 6. 7. 1984 dem Fotografen präsentieren.

Nach kräfteschonender Bergfahrt als Lokzug rollt das Krokodil freitags mit dem Güterzug 62230 (Göschenen – Erstfeld) die Gotthard-Nordrampe hinab, hier am 6. 7. 1984 unterhalb Wassen am 1084 m langen Wattinger Kehrtunnel.

Rote Lokomotiven der Reihe Re 6/6 dürfte es eigentlich noch nicht geben, da diese Lokomotiven erst in einigen Jahren zur Hauptuntersuchung anstehen. Bedingt durch Zwischenausbesserungen nach Unfällen zeigen sich aber die Re 6/6 11637 des Depots Lausanne und die am 30. 7. 1984 mit dem Schnellzug 671 (Basel – Locarno/Chiasso) zwischen Intschi und Gurtnellen fotografierte Re 6/6 11674 „Murgenthal" (oben) bereits heute in leuchtender Schönheit.

Rechte Seite: Die modernsten Lokomotiven der SBB, sonst vom Depot Lausanne im hochwertigen Reisezugdienst zwischen Genf und Domodossola eingesetzt, werden gelegentlich auf anderen Strecken zu Sonderfahrten herangezogen. So gelangte die Re $4/4^{IV}$ 10104 am 24. 7. 1984 bei Spurführungsmeßfahrten auch auf die Gotthard-Nordrampe. Talfahrend passiert sie hier die durch den Kabarettisten Emil Steinberger auch ausländischen „Nicht-Bahnfahrern" bekannte Kirche von Wassen.

SBB CFF FFS
10104

SBB
CFF

Linke Seite: Die auf der Gotthard-Nordrampe mühsam erkletterten Höhenmeter (der Scheitelpunkt im 15 003 m langen Gotthard-Tunnel liegt bei 1151,3 m) rollt der IC 351 (Zürich – Genova) mit seiner Zuglok Re 6/6 11674 am Morgen des 23. 7. 1984 durch den Artoito-Tunnel (74 m) auf der Südrampe bei Rodi-Fiesso rapide abwärts. In einer guten halben Stunde wird er sich 650 m tiefer in Bellinzona befinden.

Rechts: Der RAe 1053 als TEE 59 „Gottardo“ (Zürich – Milano) befährt am 23. 7. 1984 aufgrund von Bauarbeiten im 1560 m langen Prato-Kehrtunnel das falsche Gleis der Polmengo-Brücke (103 m) bei Faido.

Noch im Sommer 1981 waren in Bellinzona die letzten Ae 4/6-Lokomotiven zu erleben. Oben rollt die Ae 4/6 10805 mit dem Güterzug 17045 (Bellinzona – Erstfeld – Luzern) am 27. 8. 1981 zwischen Claro und Osogna-Cresciano durchs Tessin, rechts ist am selben Abend die Ae 4/6 10806 mit dem Regionalzug 1372 unterhalb der Burg Montebello in Bellinzona unterwegs nach Locarno.

ISTITUTO SANTA

SBB
CFF FFS

Linke Seite: Der Zürcher Ausflugstriebwagen RAe 4/8 1023 war mit Sonderfahrten in der ganzen Schweiz unterwegs. Am 10. 7. 1985 brachte er eine Reisegruppe von Konstanz nach Locarno, hier aufgenommen in Bellinzona.

Rechts: Zum Bahnhofsfest in Luino fuhr am 30. 6. 1985 ein Sonderzug von Luzern und Zürich über den Gotthard. Kurz vor Erreichen des Ziels fotografierte Horst Kraft das Gespann Ce $6/8^{II}$ 14253 + Ae 8/14 11801 in Pino-Tronzano.

Linke Seite: Die Strecke 631 (Bellinzona – Luino) verläuft dicht am Südufer des Lago Maggiore. Leider fahren an den schönsten Fotostellen die Regionalzüge mit dem Steuerwagen voraus, so daß das Foto links zwischen Pino-Tronzano und Maccagno nur mit dem Güterzug 46523 (Bellinzona – Luino) gelingen konnte, der am 30. 3. 1985 von der Re 6/6 11606 „Turgi“ geführt wird.

Oben: Die Regionalzüge der Strecke 631 sind alle mit Re 4/4^{I} bespannt. Die Re 4/4^{I} 10013 beschleunigt gerade ihren 5564 bei der Ausfahrt aus Magadino-Vira am 28. 3. 1985.

Die Strecke 620 der „Ferrovie Autolinee Regionali Ticinesi“ (FART) und der italienischen Società Subalpina di Imprese Ferroviarie (SSIF), besser bekannt unter dem Namen „Centovallibahn“, verbindet die Städte Locarno und Domodossola. Die abenteuerliche Trassierung der Strecke durch einige der schönsten Alpentäler läßt die knapp zweistündige Bahnfahrt wie im Fluge vergehen. Der ABe 8/8 22 der SSIF, fotografiert auf der 120 m langen Ruinacci-Brücke, wird als Zug 68 gleich die schweizerisch-italienische Grenze bei Camedo passieren (26. 7. 1984).

Rechte Seite: Seit Eröffnung des Furka-Basistunnels im Jahre 1982 sind Zugkreuzungen im Bahnhof Gletsch historisch. Am 28. 8. 1981 begegnen sich die HGe 4/4 31 der Furka-Oberalp-Bahn (FO) mit dem Zug 30 „Glacier Express“ (Zermatt – St. Moritz) und die HGe 4/4 33 mit dem aus alten Wagen gebildeten Sonderzug „Old Furka special“, mit dem die FO allen Interessenten eine stilgerechte letzte Fahrt über die alte Furkastrecke ermöglichte. In der Hintergrundmitte ist der namengebende Rhone-Gletscher zu sehen.

FO
Furka-Oberalp

Linke Seite: In der 2118 m hoch gelegenen Station Muttbach-Belvedere, unmittelbar am Westportal des alten, 1858 m langen Furka-Tunnels gelegen, läuft am 28. 8. 1981 der Zug 40 mit dem modernen Deh 4/4 92 ein.

Oben: Die 68 m lange Brücke zwischen Hospental und Realp wird auch heute noch befahren. Am 27. 8. 1981 überquert die HGe 4/4 31 mit dem Zug 43 (Chur – Brig) die Furkareuss.

Der Güterverkehr auf der Seetalbahn 651 von Luzern nach Lenzburg war jahrzehntelang die Domäne der drei Seetal-Krokodile De 6/6 des Depots Luzern. Oben hält die De 6/6 15303 am 24. 8. 1981 mit ihrem Güterzug 7257 (Menziken – Beinwil am See – Lenzburg) gerade in Birrwil, auf der rechten Seite durchfährt die De 6/6 15302 mit dem 7231 (Luzern – Beinwil) ein Gehöft zwischen Waldibrücke und Eschenbach. Beide Lokomotiven sind kurzerhand abgebrochen worden, die De 6/6 15301 konnte bei der Oensingen–Balsthal-Bahn (OeBB) eine neue Bleibe finden. Heute verkehren Ae 6/6 und vermehrt Re 4/4^{II} auf dieser „Straßenbahn".

Oben: Wenn auch die Strecke 654 von Wohlen nach Dietikon meist langweilig parallel zur Hauptstraße trassiert ist, so findet sich doch ein unerwartet reizvolles Motiv: Vor dem historischen Ortsbild von Bremgarten überquert am 25. 7. 1985 der BDe 8/8 3 die 156 m lange Reuss-Brücke.

Rechte Seite: Neben der bereits erwähnten Gotthard-Zubringerstrecke von Luzern am Westufer verläuft die Strecke 660 (Zürich – Zug – Arth-Goldau) oberhalb des Ostufers des Zuger Sees. Pünktlich um 9.15 Uhr rollt am 31. 3. 1985 der TEE 59 „Gottardo“ durch Walchwil.

TRANS EUROP EXPRES

Oben: Zwischen Walchwil und Arth-Goldau fotografiert wurde der IC 353 (Schaffhausen – Milano) mit seiner Re 6/6 11616 „Illnau-Effretikon“, der bis Chiasso einen ehemaligen Rheingold-Aussichtswagen der Deutschen Bundesbahn, heute im Besitz des „reisebüro mittelthurgau“, mitführt (25. 7. 1985).

Rechte Seite: Während eine grüne Lokomotive hier vor dem Hintergrund fast untergehen würde, bietet die rote Re $4/4^{II}$ 11380 vor dem Schnellzug 2685 (Luzern – Romanshorn) den richtigen Farbkontrast. Sie überwindet gerade den 45‰ steilen Anstieg der Südostbahnstrecke 670 (Arth-Goldau – Pfäffikon – Rapperswil) vor Sattel-Aegeri (24. 7. 1985).

S B B
C F F
BODENSEE
TOGGENBURG

Einmal täglich gelangt eine Ae 6/6 auf der Südostbahnstrecke bis Biberbrugg. Die Rückleistung nach Arth-Goldau erfolgt als Leermaterialzug 4763. Zwischen Steinerberg und Arth-Goldau wurde am 23. 7. 1985 die grüne Ae 6/6 11420 „Appenzell A. Rh.“, am folgenden Tag die rote Ae 6/6 11416 „Glarus“ (rechts) aufgenommen.

Oben: Im Bahnhof Schindellegi-Feusisberg präsentiert sich am 26. 3. 1985 der ABe 4/4 11 „Burghalden" der Südostbahn als Zug 3648 Einsiedeln – Wädenswil.

Rechte Seite: An klaren Tagen wie dem 26. 3. 1985 hat man von Schindellegi-Feusisberg einen grandiosen Blick auf den Zürichsee mit dem Seedamm nach Rapperswil, den der BDe 4/4 80 als Regionalzug 3946 (Arth-Goldau – Rapperswil) nach einer knappen halben Stunde Abstieg ins Tal überqueren wird.

SÜDOSTBAHN

ELDSCHLÖSSCHEN BIER

Linke Seite: Die Hauptlinie 700 (Basel – Zürich) steigt von Basel kommend im Fricktal kontinuierlich bis zum 2526 m langen Bözberg-Tunnel an. Dennoch scheint die Ae 6/6 11422 „Vaud" am 25. 7. 1985 zwischen Frick und Hornussen die Unterstützung des abgebügelt im Güterzug 65731 (Basel – Brugg) mitlaufenden Rangiertraktörchens nicht nötig zu haben.

Oben: Wenige Kilometer südlich, zwischen Effingen und Hornussen, rollt am Abend des 8. 7. 1985 die Zürcher Re $4/4^{II}$ 11385 mit dem Zug 1586 (Zürich – Basel) hinab ins Fricktal.

Oben: Die Fahnen hängen schlaff am Mast, der Rauch steigt kerzengerade aus dem Schornstein, nur kurz wird die verschlafene Ruhe in Döttingen-Klingnau am 8. 7. 1985 von der vorübereilenden Re $4/4^{II}$ 11378 mit dem Regionalzug 8011 (Wettingen – Winterthur) unterbrochen.

Rechte Seite: Eine ebenso verträumte Gegend berührt die Strecke 711 (Zug – Zürich) über Affoltern am Albis. Nach dem Willen der Verkehrsplaner hätte bereits seit einigen Jahren parallel zur Bahnstrecke, auf der am 4. 4. 1985 gerade die Ae 4/7 10995 den Güterzug 64977 (Zug – Zürich) hinter Bonstetten-Wettswil in den 482 m langen Landikon-Tunnel schleppt, die Autobahn N 4 das stille Tal „beleben“ sollen. Doch Anwohnerproteste verzögerten den Plan bisher. „N 4 nie!“? Wir werden sehen.

Das Bild der Strecke 730 (Zürich – Meilen – Rapperswil) wird durch die 18 Zürcher RABDe 12/12 Triebwagen geprägt. Obwohl planmäßig bis zu vier Einheiten aneinandergehängt werden, ist auch der dreiteilige Regionalzug 7058, hier am 25. 7. 1985 beim Verlassen von Meilen fotografiert, eine Besonderheit: Wo sonst gibt es Züge mit 36 angetriebenen Achsen?

Ergänzend verkehren auf dieser Strecke die vier gelb-violetten RABDe 8/16 2001–2004, von denen zwei rechts als Regionalzug 7080 zwischen Uerikon und Stäfa oberhalb des Zürichsees zu sehen sind (25. 7. 1985).

Die historische Lokomotive des Depots Winterthur Be 4/6 12320, bisher allenfalls bis Bauma eingesetzt, läuft seit dem Sommerfahrplan 1985 mittwochs auch auf dem wesentlich schöneren südlichen Abschnitt der Strecke 754 (Winterthur – Bauma – Wald – Rapperswil). Hinleistung ist der Nahgüterzug 64359 (Winterthur – Rapperswil), auf dem Foto links am 3. 7. 1985 bei Saland. Zurück geht es mit dem 64364 (Rüti ZH – Bauma), oben mit der Ae 3/6 10637 im 32 ‰-Anstieg zwischen Wald und Gibswil am 11. 7. 1984.

Zwei Wege führen aus dem Raum Zürich nach Schaffhausen:
Die Strecke 760 (Zürich – Bülach – Schaffhausen) überquert den Rhein auf der 440 m langen Brücke bei Eglisau, die auf dem Foto oben am 22. 7. 1984 gerade die Re 4/4^{II} 11377 mit dem Regionalzug 7866 befährt.

Unmittelbar am berühmten Rheinfall bei Schloß Laufen kreuzt die Strecke 762 (Winterthur – Schaffhausen) den Rhein. Vor den hier verkehrenden Regionalzügen kommen Re 4/4^{II}, BDe 4/4-Triebwagen, Ae 4/7 oder vereinzelt Ae 3/6 zum Einsatz. Mit dem 8330 rollt am 22. 7. 1984 die Ae 3/6 10612 über die 163 m lange Brücke.

Die Strecke 820 (Schaffhausen – Kreuzlingen – Romanshorn – Rorschach) verläuft meist dicht am Ufer des Bodensees. Links oben „pendelt“ am 9. 7. 1985 ein BDe 4/4-Triebwagen mit dem Regionalzug 8865 bei Ermatingen am Untersee entlang, links unten ist die Re 4/4^{I} 10029 am 22. 7. 1985 mit dem 8831 zwischen Mammern und Steckborn unterwegs.

Oben: Eng eingezwängt zwischen der Bahnstrecke und dem Untersee liegt der Ort Berlingen, den am 9. 7. 1985 die Re 4/4^{I} 10028 mit dem Regionalzug 8844 passiert.

Oben: Eine der wenigen nicht elektrifizierten Strecken der schweizerischen Eisenbahnen ist die Verbindung von Singen/Hohentwiel nach Etzwilen, die nur dem Güterverkehr dient. Am 22. 7. 1985 pendelt die Bm 6/6 18513 des Depots Winterthur im „kleinen Grenzverkehr" hin und her. Auf der 252 m langen Hemishofener Rheinbrücke verliert sich der montäglich kurze 46058 fast.

Rechte Seite: Ab Etzwilen geht es weiter über die Strecke 821 nach Winterthur. Die mit 328 m Länge recht imposante Thur-Brücke bei Ossingen befährt am 1. 7. 1985 der von einer Ae 3/6 geführte Güterzug 65032.

Noch fahren die Swiss-Express-Züge über den 191 m langen Sitter-Viadukt nach St. Gallen. Der IC 113 (Genève – St. Gallen) wäre mit grüner Garnitur doch zu sehr zum Suchbild geworden (3. 7. 1985).

Rechte Seite: Aus östlicher Richtung nach St. Gallen unterwegs ist am 9. 7. 1985 die Re $4/4^{II}$ 11390 mit dem Regionalzug 8744 (Buchs – St. Gallen), hier auf dem 77 m langen Viadukt bei Goldach, der bereits am 25. 10. 1856 dem Betrieb übergeben wurde.

Nahgüterzüge sind oft ein Refugium für ältere Triebfahrzeuge. Auf der Strecke 853 (Wil – Nesslau-Neu St. Johann) verbleiben den Ae 3/6 nach Abgabe der Regionalzugleistungen noch zwei Güterzugpaare. Am Abend des 26. 7. 1985 eilt die Ae 3/6 10656 mit ihrem Schnellgutzug 94585 (Wattwil – Wil) nach Bazenheid (Foto links).

Die alten De 4/4-Triebwagen des Depots Rorschach sind heute nicht mehr im Einsatz. Am 5. 8. 1982 bemühen sich die De 4/4 1675 und 1679 gemeinsam um den 65687, aufgenommen zwischen Hauptwil und Arnegg auf ihrer Stammstrecke 852 (Sulgen – St. Gallen). Der De 4/4 1679 wird zur Zeit als historisches Fahrzeug aufgearbeitet.

Oben: In der Panoramakurve bei Nesslau-Neu St. Johann, bekannt durch Postkarten mit dem unsäglich bunten „Amor-Express“ der Bodensee-Toggenburg-Bahn (BT), ist am 26. 3. 1985 noch die Re $4/4^{I}$ 10028 mit dem Regionalzug 8181 zu sehen. Inzwischen ist die Strecke 853 mit Hilfe von BDe 4/4-Triebwagen von SBB und BT „verpendelt“ worden.

Rechte Seite: Auch im Brückenland Schweiz ist dieses Motiv einmalig: Hoch über der alten Holz-Straßenbrücke quert der Regionalzug 8165 mit seiner Re $4/4^{I}$ auf dem 152 m langen Guggenloch-Viadukt den Gonzenbach, der hier bei Lütisburg in die Thur mündet.

APPENZELLER BAHN
APPENZELLER BAHN

Die Schweiz, so sagt man, sei das Land, in dem der Winter stattfindet. Am 6. 1. 1985, an dem die Aufnahmen der folgenden Doppelseiten entstanden, war daran nicht zu zweifeln.

Auf der Appenzeller Bahn (Strecke 854) verkehren noch ABe 4/4-Triebwagen der Serie 40–43 aus dem Jahre 1933. Links zieht der ABe 4/4 41 den Zug 47 (Gossau – Wasserauen) an Urnäsch vorbei gen Jakobsbad, oben kämpft sich der ABe 4/4 43 mit dem Zug 49 südlich von Waldstatt durch die weiße Pracht.

47

Linke Seite: Wesentlich jünger ist der BDe 4/4 47 aus dem Jahr 1968, der hier mit dem Zug 46 (Wasserauen – Gossau) nördlich von Zürchersmühle unterwegs ist.

Oben: In Gais macht sich der ABDeh 4/4 8 der „St. Gallen – Gais – Appenzell/Altstätten" (SGA) mit dem Zug 121 auf den Weg nach Altstätten, das fast 450 m tiefer im Rheintal liegt.

Im letzten Licht dieses strahlenden Wintertages gelangen noch die Aufnahmen des BDe 4/4 83 der SOB mit dem 2675 (Luzern – Romanshorn), an dessen Ende die Be 4/4 11 der BT leer mitläuft, und des von der Re $4/4^{I}$ 10028 geführten Regionalzugs 8656 (St. Gallen – Rapperswil) zwischen Degersheim und Mogelsberg an der Strecke 870.

Linke Seite: Charakteristisch für die Strecke 870 im Abschnitt St. Gallen – Wattwil sind die großen Viadukte. 64 m hoch und 282 m lang ist der 13bögige Weissenbach-Viadukt zwischen Schachen und Degersheim, den hier der neu zusammengestellte BT-Pendelzug ABDe 4/12 41/42 am 3. 7. 1985 als Regionalzug 8654 (Wittenbach – Degersheim) befährt.

Rechts: Unweit des Westportals des 8603 m langen Ricken-Tunnels zwischen Wattwil und Kaltbrunn ist am 26. 7. 1985 eine der neuen Pendelzugkompositionen der Südostbahn als Zug 2682 (Romanshorn – Luzern) zu sehen. Zuglok ist die von den SBB übernommene Re $4/4^{III}$ 42.

Paradestrecke für die Ae 4/7 im Kreis III ist die Glarner Strecke 902 (Ziegelbrücke – Glarus – Linthal), auf der auch heute noch einige Regionalzugpaare mit der ehemaligen Schnellzuglok bespannt werden. Zwischen Nidfurn-Haslen und Leuggelbach wurden am 9. 7. 1984 die Ae 4/7 10914 mit dem Regionalzug 8261 (links) und am 30. 7. 1984 die Ae 4/7 10915 mit dem 8287 aufgenommen. Die tiefstehende Sonne ermöglicht einen guten Vergleich der durch den Buchli-Antrieb bedingten unterschiedlichen Seitenansichten.

Linke Seite: Am Wochenende kommen auf der Strecke 902 nach Linthal auch die Zürcher Vororttriebwagen RABDe 12/12 zum Einsatz. Am 8. 7. 1984 verlassen die Einheiten 1107 und 1118 als Regionalzug 8288 den 45 m langen Erlenruns-Tunnel zwischen Rüti und Diesbach-Betschwanden.

Oben: Vergangenheit ist inzwischen die damals noch planmäßige Doppeltraktion vor dem Regionalzug 1359 (Rapperswil – Linthal), der am 26. 8. 1981 ab Ziegelbrücke von den Ae 3/6 10670 und 10656 gemeinsam bis Linthal gebracht wurde. Das Foto entstand bei Nidfurn-Haslen.

Linke Seite: So schön die Landschaft um den Walensee herum auch ist, gute Fotostellen an der Strecke 900 (Zürich – Chur) sind Mangelware. Auch den Standpunkt bei Unterterzen, an dem am 26. 3. 1985 die Re $4/4^{II}$ 11207 mit dem IC 465 „Franz Schubert" (Basel – Wien) vorbeifährt, hatte die Natur wenige Wochen später vollständig zurückerobert.

Oben: Ruhig geworden ist es auf dem Streckenabschnitt Sargans – Trübbach der Strecke 890 (Chur – Sargans – Buchs) seit Fertigstellung der neuen Verbindungskurve, die den Zügen der Relation Zürich – Buchs das Kopfmachen in Sargans erspart. Lediglich die durchgehenden Züge Chur – Buchs sind auf der alten Trasse verblieben, darunter der Regionalzug 8728, der am 26. 7. 1985 von der Ae 6/6 11436 „Stadt Solothurn" gezogen wird.

Oben: Die Ge 6/6 707 „Scuol“ der Rhätischen Bahn (RhB) hat sich am 29. 8. 1981 mit dem Zug 771 (Chur – Disentis/Mustér) an das der Patengemeinde genau entgegengesetzte Ende des RhB-Netzes begeben: Kurz vor Disentis genießen die Reisenden einen prächtigen Fernblick ins Vorderrheintal.

Rechte Seite: Als Attraktion für Touristen und Einheimische dampft es gelegentlich bei der Rhätischen Bahn, die die beiden G 4/5-Dampfloks 107 und 108 betriebsfähig erhält. Der Extrazug 3029 mit der G 4/5 107 wird am 30. 8. 1981 bei der Durchfahrt in Küblis freudig begrüßt.

Küblis
60

Links: Mit Regionalzügen sind die sechs Be 4/4-Triebwagen 511 – 516 der RhB auf der Strecke 910 (Chur – Landquart – Davos – Filisur) zu sehen. Die Schlucht zwischen Malans und Seewis-Valzeina passiert am 30. 8. 1981 der Be 4/4 515 mit dem Zug 27 (Landquart – Davos-Platz).

Rechte Seite: Als Zug 42 hat die Garnitur, wenig später bei Davos-Laret fotografiert, die Rückfahrt nach Landquart angetreten.

Auch nach der Ablieferung der Nachbauserie der Ge $4/4^{II}$ an die RhB sind die Ge 6/6-Krokodile noch vor einigen Güterzügen mit Personenbeförderung im Einsatz. Am 31. 7. 1984 waren die Ge 6/6 413 mit dem 4533 nach St. Moritz (Foto links auf dem 89 m langen Albula-II-Viadukt zwischen Bergün und Preda) und die Ge 6/6 412 mit dem Gegenzug 4534 unterwegs. Die Begegnung mit dem umweltfreundlichen Straßentransportmittel bei Bergün fotografierte Michael Hubrich.

Winter in Graubünden – Hochsaison für die RhB. Der 5. 1. 1985 war Rückreisetag für viele Urlauber aus dem Engadin, denen die Ge 6/6 704 „Davos“ mit dem Zug 548, auf dem Foto oben bei Bergün, die unangenehme Autofahrt über den verschneiten Julierpaß erspart. Auch der Saisonschnellzug 538 (rechts), nördlich Bergün mit der Ge 4/4^{II} 630 aufgenommen, führt einige Autotransportwagen mit. Das Pferd, das an dieser Stelle ein halbes Jahr zuvor die Landstraße belebte, zog bei der klirrenden Kälte von minus 23 Grad sicher ein warmes Plätzchen im Stall vor.

618

Linke Seite: Im gleißenden Morgenlicht rollt am 31. 7. 1984 der Regionalzug 526 mit der Ge 4/4^{II} 618 „Bergün/Bravuogn“ bei Preda talwärts in Richtung der namengebenden Gemeinde.

Oben: Dort angekommen ist wenig später der 4534 mit der Ge 6/6 412.

Oben: Zubringerdienste zur Berninabahn leistet am 30. 12. 1984 der ABe 4/4 503 mit dem Regionalzug 355 (Samedan – Pontresina), aufgenommen beim Halt in Pont Muragl.

Rechte Seite: Leider lassen sich die 30 Minusgrade und der eisige Nordwind, die das Warten auf den am 30. 12. 1984 zehn Minuten verspäteten Zug 425 (St. Moritz – Tirano) am gut 2200 m hoch gelegenen Lago Bianco zur Qual werden ließen, drucktechnisch nicht wiedergeben.

Wie erholsam war dagegen die erfrischende Kühle am Lago Bianco am 22. 8. 1981, als man in den Nachrichten von drückend schwülem Wetter in den Niederungen hörte. Am Südufer des Sees führen die Gem 4/4 801 und 802 den Zug 525 „Bernina-Express“ (Pontresina – Tirano) vorbei zum Scheitelpunkt der Berninabahn in 2253 m Höhe und bieten dabei den Reisenden die höchste Alpenüberquerung der Schweiz.

Eine Fahrt in einem der offenen Aussichtswagen des Zugs 521 von St. Moritz nach Alp Grüm gehört zu den eindrucksvollsten Bahnerlebnissen, die die Schweiz bieten kann. Der Altbau-Triebwagen ABe 4/4 35 aus dem Jahre 1908 ist am 22. 8. 1981 gerade auf der Fahrt von Bernina Lagalb nach Ospizio Bernina.

Die Engadinstrecke 960 (St. Moritz – Scuol-Tarasp) steht am Ende der Bahnreise durch die Schweiz. Repräsentierten die am 25. 7. 1984 entstandenen Fotos mit den von der Ge 6/6 403 geführten Zügen 4217 (S. 156, im Inntal bei Cinuos-chel-Brail) und 4256 (S. 157, auf dem 109 m langen Val-Tuoi-Cluozza-Viadukt bei Guarda) noch die jüngste Vergangenheit, so sei diese letzte Doppelseite den neuesten Triebfahrzeugen der Rhätischen Bahn vorbehalten. Wünschen wir der Ge $4/4^{II}$ 624, die hier am Silvestertag 1984 mit den Zügen 252 (oben) und 255 bei Cinuos-chel-Brail unterwegs ist, daß sie noch oft in ein friedliches neues Jahr fahren kann!

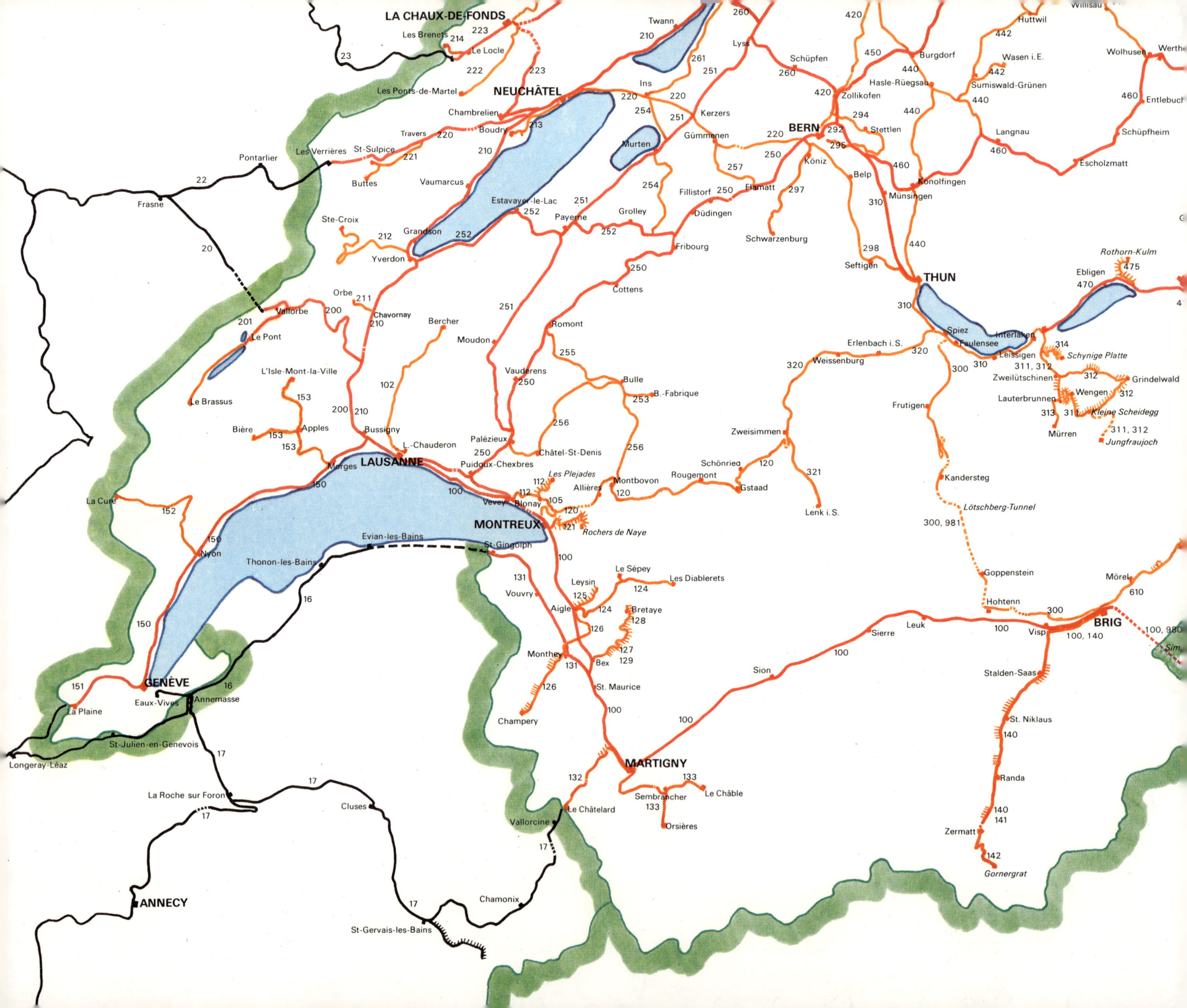

LA CHAUX-DE-FONDS
Les Brenets
Le Locle
Les Ponts-de-Martel
NEUCHÂTEL
Chambrelien
Boudry
Travers
Les Verrières
St-Sulpice
Buttes
Vaumarcus
Pontarlier
Frasne
Ste-Croix
Grandson
Yverdon
Estavayer-le-Lac
Payerne
Grolley
Twann
Ins
Kerzers
Murten
Gümmenen
Lyss
Schüpfen
Burgdorf
Hasle-Rüegsau
Zollikofen
BERN
Stettlen
Köniz
Belp
Flamatt
Fillistorf
Düdingen
Schwarzenburg
Fribourg
Cottens
Romont
Moudon
Vauderens
Bulle
B.-Fabrique
Palézieux
Châtel-St-Denis
Puidoux-Chexbres
Orbe
Chavornay
Bercher
Vallorbe
Le Pont
Le Brassus
L'Isle-Mont-la-Ville
Bière
Apples
Bussigny
L.-Chauderon
Morges
LAUSANNE
La Cure
Nyon
Vevey
Blonay
Les Plejades
Allières
Montbovon
Rougemont
Schönried
Gstaad
MONTREUX
Rochers de Naye
Evian-les-Bains
Thonon-les-Bains
St-Gingolph
Vouvry
Leysin
Le Sépey
Les Diablerets
Aigle
Bretaye
Monthey
Bex
St. Maurice
Champery
MARTIGNY
Le Châtelard
Vallorcine
Sembrancher
Le Châble
Orsières
GENÈVE
Eaux-Vives
Annemasse
La Plaine
St-Julien-en-Genevois
Longeray-Léaz
La Roche sur Foron
Cluses
ANNECY
Chamonix
St-Gervais-les-Bains
Huttwil
Wasen i.E.
Sumiswald-Grünen
Wolhusen
Entlebuch
Schüpfheim
Langnau
Escholzmatt
Konolfingen
Münsingen
Seftigen
THUN
Spiez
Faulensee
Leissigen
Interlaken
Ebligen
Rothorn-Kulm
Schynige Platte
Zweilütschinen
Grindelwald
Lauterbrunnen
Wengen
Kleine Scheidegg
Mürren
Jungfraujoch
Erlenbach i.S.
Weissenburg
Zweisimmen
Lenk i.S.
Frutigen
Kandersteg
Lötschberg-Tunnel
Goppenstein
Hohtenn
Leuk
Sierre
Sion
Visp
BRIG
Mörel
Stalden-Saas
St. Niklaus
Randa
Zermatt
Gornergrat